IT'S A
GIRL

Welcome little One !

Photo of the Little Baby

Baby Shower Guest Book

| Name | | Date of Birth | |
| Day | | Time | Weight |

| Relationships to Parents | Advice for Parents |

Wishes

Resemblance ◯ Mom!   ◯ Dad!

Baby Shower Guest Book

Name		Date of Birth	
Day		Time	Weight

Relationships to Parents	Advice for Parents

Wishes

Resemblance	Mom!	Dad!

Baby Shower Guest Book

Name		Date of Birth	
Day		Time	Weight

Relationships to Parents	Advice for Parents

Wishes

Resemblance   ◯ Mom!   ◯ Dad!

Baby Shower Guest Book

It's a girl

Name		Date of Birth	
Day	Time	Weight	

Relationships to Parents — Advice for Parents

Wishes

Resemblance ◯ Mom! ◯ Dad!

Baby Shower Guest Book

Name		Date of Birth	
Day	Time	Weight	

Relationships to Parents	Advice for Parents

Wishes

Resemblance   ◯ Mom!   ◯ Dad!

Baby Shower Guest Book

Name		Date of Birth	
Day	Time	Weight	

Relationships to Parents	Advice for Parents

Wishes

Resemblance   ◯ Mom!   ◯ Dad!

Baby Shower Guest Book

Name		Date of Birth	
Day	Time	Weight	

Relationships to Parents	Advice for Parents

Wishes

Resemblance ⭕ Mom!   ⭕ Dad!

Baby Shower Guest Book

Name

Date of Birth

Day

Time

Weight

Relationships to Parents

Advice for Parents

Wishes

Resemblance

Mom!

Dad!

Baby Shower Guest Book

Name		Date of Birth	
Day		Time	Weight

Relationships to Parents	Advice for Parents

Wishes

Resemblance   ◯ Mom!   ◯ Dad!

Baby Shower Guest Book

| Name | | Date of Birth | |
| Day | Time | Weight | |

| Relationships to Parents | Advice for Parents |

Wishes

Resemblance ◯ Mom! ◯ Dad!

Baby Shower Guest Book

Name

Date of Birth

Day

Time

Weight

Relationships to Parents

Advice for Parents

Wishes

Resemblance

Mom!

Dad!

Baby Shower Guest Book

| Name | | Date of Birth | |
| Day | | Time | Weight |

| Relationships to Parents | Advice for Parents |

Wishes

Resemblance — Mom! — Dad!

Baby Shower Guest Book

It's a girl

Name		Date of Birth	
Day		Time	Weight

Relationships to Parents	Advice for Parents

Wishes

Resemblance   ( ) Mom!   ( ) Dad!

Baby Shower Guest Book

Name		Date of Birth	
Day	Time	Weight	

Relationships to Parents	Advice for Parents

Wishes	

Resemblance   ◯ **Mom!**   ◯ **Dad!**

Baby Shower Guest Book

Name		Date of Birth	
Day		Time	Weight

Relationships to Parents	Advice for Parents

Wishes

Resemblance	◯ Mom!	◯ Dad!

Baby Shower Guest Book

| Name | | Date of Birth | |
| Day | | Time | Weight |

| Relationships to Parents | Advice for Parents |

Wishes

Resemblance   ◯ Mom!   ◯ Dad!

Baby Shower Guest Book

Name		Date of Birth	
Day		Time	Weight

Relationships to Parents	Advice for Parents

Wishes	

Resemblance   ( ) Mom!   ( ) Dad!

Baby Shower Guest Book

Name | **Date of Birth**

Day | **Time** | **Weight**

Relationships to Parents | **Advice for Parents**

Wishes

Resemblance ◯ **Mom!** ◯ **Dad!**

Baby Shower Guest Book

| Name | | Date of Birth | |
| Day | | Time | Weight | |

| Relationships to Parents | Advice for Parents |

| Wishes | |

| Resemblance | Mom! | Dad! |

Baby Shower Guest Book

Name		Date of Birth	
Day	Time	Weight	

Relationships to Parents   **Advice for Parents**

Wishes

Resemblance   ◯ Mom!   ◯ Dad!

Baby Shower Guest Book

Name		Date of Birth	
Day	Time	Weight	

Relationships to Parents	Advice for Parents

Wishes

Resemblance ◯ Mom! ◯ Dad!

Baby Shower Guest Book

Name		Date of Birth	
Day		Time	Weight

Relationships to Parents	Advice for Parents

Wishes	

Resemblance   ◯ Mom!   ◯ Dad!

Baby Shower Guest Book

Name		Date of Birth	
Day	Time	Weight	

Relationships to Parents	Advice for Parents

Wishes

Resemblance　　　◯ Mom!　　　◯ Dad!

Baby Shower Guest Book

Name		Date of Birth	
Day		Time	Weight

Relationships to Parents	Advice for Parents

Wishes

Resemblance   ◯ Mom!   ◯ Dad!

Baby Shower Guest Book

| Name | | Date of Birth | |
| Day | | Time | Weight | |

Relationships to Parents | **Advice for Parents**

Wishes

Resemblance   ( ) Mom!   ( ) Dad!

Baby Shower Guest Book

Name		Date of Birth	
Day	Time	Weight	

Relationships to Parents	Advice for Parents

Wishes

Resemblance   ◯ Mom!   ◯ Dad!

Baby Shower Guest Book

| Name | | Date of Birth | |
| Day | Time | Weight | |

Relationships to Parents | **Advice for Parents**

Wishes

Resemblance ◯ Mom! ◯ Dad!

Baby Shower Guest Book

| Name | | Date of Birth | |
| Day | | Time | Weight |

Relationships to Parents	Advice for Parents

Wishes

Resemblance   ◯ Mom!   ◯ Dad!

Baby Shower Guest Book

Name	Date of Birth
Day	Time	Weight

Relationships to Parents	Advice for Parents

Wishes

Resemblance   ◯ Mom!   ◯ Dad!

Baby Shower Guest Book

| Name | | Date of Birth | |
| Day | Time | Weight | |

Relationships to Parents	Advice for Parents

Wishes

Resemblance   ◯ **Mom!**   ◯ **Dad!**

Baby Shower Guest Book

Name		Date of Birth	
Day	Time	Weight	

Relationships to Parents	Advice for Parents

Wishes

Resemblance ◯ Mom! ◯ Dad!

Baby Shower Guest Book

| Name | | Date of Birth | |
| Day | | Time | Weight |

| Relationships to Parents | Advice for Parents |

Wishes

Resemblance   Mom!   Dad!

Baby Shower Guest Book

Name		Date of Birth	
Day	Time	Weight	

Relationships to Parents | Advice for Parents

Wishes

Resemblance   ◯ Mom!   ◯ Dad!

Baby Shower Guest Book

Name		Date of Birth	
Day	Time	Weight	

Relationships to Parents

Advice for Parents

Wishes

Resemblance ◯ **Mom!** ◯ **Dad!**

Baby Shower Guest Book

| Name | | Date of Birth | |
| Day | Time | Weight | |

| Relationships to Parents | Advice for Parents |

Wishes

Resemblance   ◯ Mom!   ◯ Dad!

Baby Shower Guest Book

Name		Date of Birth	
Day		Time	Weight

Relationships to Parents	Advice for Parents

Wishes

Resemblance   ◯ Mom!   ◯ Dad!

Baby Shower Guest Book

| Name | | Date of Birth | |
| Day | | Time | Weight |

Relationships to Parents

Advice for Parents

Wishes

Resemblance ◯ Mom! ◯ Dad!

Baby Shower Guest Book

| Name | | Date of Birth | |
| Day | Time | Weight | |

Relationships to Parents

Advice for Parents

Wishes

Resemblance   ◯ **Mom!**   ◯ **Dad!**

Baby Shower Guest Book

Name		Date of Birth	
Day		Time	Weight

Relationships to Parents	Advice for Parents

Wishes

Resemblance   ◯ Mom!   ◯ Dad!

Baby Shower Guest Book

It's a girl

Name		Date of Birth	
Day		Time	Weight

Relationships to Parents	Advice for Parents

Wishes

Resemblance   ◯ Mom!   ◯ Dad!

Baby Shower Guest Book

| Name | | Date of Birth | |
| Day | | Time | Weight | |

Relationships to Parents

Advice for Parents

Wishes

Resemblance   ◯ Mom!   ◯ Dad!

Baby Shower Guest Book

Name

Date of Birth

Day

Time

Weight

Relationships to Parents

Advice for Parents

Wishes

Resemblance   Mom!   Dad!

Baby Shower Guest Book

| Name | | Date of Birth | |
| Day | | Time | Weight | |

| Relationships to Parents | Advice for Parents |

Wishes

Resemblance   Mom!   Dad!

Baby Shower Guest Book

| Name | | Date of Birth | |
| Day | | Time | Weight |

Relationships to Parents | **Advice for Parents**

Wishes

Resemblance ◯ Mom! ◯ Dad!

Baby Shower Guest Book

Name		Date of Birth	
Day		Time	Weight

Relationships to Parents **Advice for Parents**

Wishes

Resemblance   ◯ Mom!   ◯ Dad!

Baby Shower Guest Book

Name		Date of Birth	
Day	Time	Weight	

Relationships to Parents	Advice for Parents

Wishes	

Resemblance ◯ Mom!   ◯ Dad!

Baby Shower Guest Book

Name		Date of Birth	
Day	Time	Weight	

Relationships to Parents	Advice for Parents

Wishes

Resemblance   ◯ Mom!   ◯ Dad!

Baby Shower Guest Book

| Name | | Date of Birth | |
| Day | | Time | Weight | |

| Relationships to Parents | Advice for Parents |

Wishes

Resemblance   ◯ Mom!   ◯ Dad!

Baby Shower Guest Book

| Name | | Date of Birth | |
| Day | | Time | | Weight | |

Relationships to Parents **Advice for Parents**

Wishes

Resemblance   Mom!   Dad!

Baby Shower Guest Book

| Name | | Date of Birth | |
| Day | | Time | Weight |

Relationships to Parents | **Advice for Parents**

Wishes

Resemblance   ◯ Mom!   ◯ Dad!

Baby Shower Guest Book

Name		Date of Birth	
Day		Time	Weight

Relationships to Parents | **Advice for Parents**

Wishes

Resemblance | Mom! | Dad!

Baby Shower Guest Book

| Name | | Date of Birth | |
| Day | | Time | | Weight | |

Relationships to Parents **Advice for Parents**

Wishes

Resemblance   ◯ Mom!   ◯ Dad!

Baby Shower Guest Book

| Name | | Date of Birth | |
| Day | | Time | Weight | |

| Relationships to Parents | Advice for Parents |

Wishes

Resemblance ◯ Mom! ◯ Dad!

Baby Shower Guest Book

| Name | | | Date of Birth | |
| Day | | Time | Weight | |

Relationships to Parents	Advice for Parents

Wishes	

Resemblance ◯ Mom! ◯ Dad!

Baby Shower Guest Book

Name		Date of Birth	
Day		Time	Weight

Relationships to Parents

Advice for Parents

Wishes

Resemblance   ◯ Mom!   ◯ Dad!

Baby Shower Guest Book

| Name | | Date of Birth | |
| Day | Time | Weight | |

Relationships to Parents | **Advice for Parents**

Wishes

Resemblance ◯ Mom! ◯ Dad!

Baby Shower Guest Book

| Name | | Date of Birth | |
| Day | Time | Weight | |

Relationships to Parents	Advice for Parents

Wishes

Resemblance   ◯ Mom!   ◯ Dad!

Baby Shower Guest Book

Name		Date of Birth	
Day	Time	Weight	

Relationships to Parents	Advice for Parents

Wishes

Resemblance   ◯ Mom!   ◯ Dad!

Baby Shower Guest Book

| Name | | Date of Birth | |
| Day | | Time | | Weight | |

Relationships to Parents | Advice for Parents

Wishes

Resemblance   Mom!   Dad!

Baby Shower Guest Book

Name		Date of Birth	
Day		Time	Weight

Relationships to Parents	Advice for Parents

Wishes

Resemblance   ◯ Mom!   ◯ Dad!

Baby Shower Guest Book

Name

Date of Birth

Day

Time

Weight

Relationships to Parents

Advice for Parents

Wishes

Resemblance

Mom!

Dad!

Baby Shower Guest Book

| Name | | Date of Birth | |
| Day | Time | Weight | |

Relationships to Parents

Advice for Parents

Wishes

Resemblance   ◯ Mom!   ◯ Dad!

Baby Shower Guest Book

Name		Date of Birth	
Day	Time	Weight	

Relationships to Parents	Advice for Parents

Wishes

Resemblance   ◯ **Mom!**   ◯ **Dad!**

Baby Shower Guest Book

| Name | | Date of Birth | |
| Day | | Time | Weight |

Relationships to Parents	Advice for Parents

Wishes

Resemblance   Mom!   Dad!

Baby Shower Guest Book

Name

Date of Birth

Day

Time

Weight

Relationships to Parents

Advice for Parents

Wishes

Resemblance

Mom!

Dad!

Baby Shower Guest Book

| Name | | | Date of Birth | |
| Day | | Time | Weight | |

Relationships to Parents	Advice for Parents

Wishes

Resemblance   ◯ Mom!   ◯ Dad!

Baby Shower Guest Book

| Name | | Date of Birth | |
| Day | Time | Weight | |

| Relationships to Parents | Advice for Parents |

Wishes

Resemblance   ◯ Mom!   ◯ Dad!

Baby Shower Guest Book

Name		Date of Birth	
Day		Time	Weight

Relationships to Parents | **Advice for Parents**

Wishes

Resemblance   Mom!   Dad!

Baby Shower Guest Book

Name		Date of Birth	
Day		Time	Weight

Relationships to Parents	Advice for Parents

Wishes

Resemblance ◯ Mom! ◯ Dad!

Baby Shower Guest Book

| Name | | Date of Birth | |
| Day | Time | Weight | |

Relationships to Parents | **Advice for Parents**

Wishes

Resemblance   ◯ **Mom!**   ◯ **Dad!**

Baby Shower Guest Book

| Name | | Date of Birth | |
| Day | | Time | Weight |

| Relationships to Parents | Advice for Parents |

Wishes

Resemblance ◯ Mom! ◯ Dad!

Baby Shower Guest Book

| Name | | Date of Birth | |
| Day | Time | Weight | |

Relationships to Parents	Advice for Parents

Wishes	

Resemblance   ◯ Mom!   ◯ Dad!

Baby Shower Guest Book

Name		Date of Birth	
Day		Time	Weight

Relationships to Parents	Advice for Parents

Wishes

Resemblance ◯ Mom! ◯ Dad!

Baby Shower Guest Book

Name		Date of Birth	
Day	Time	Weight	

Relationships to Parents	Advice for Parents

Wishes	

Resemblance   ◯ Mom!   ◯ Dad!

Baby Shower Guest Book

Name		Date of Birth	
Day		Time	Weight

Relationships to Parents	Advice for Parents

Wishes

Resemblance   ◯ Mom!   ◯ Dad!

Baby Shower Guest Book

| Name | | Date of Birth | |
| Day | Time | Weight | |

Relationships to Parents	Advice for Parents

Wishes

Resemblance   ◯ Mom!   ◯ Dad!

Baby Shower Guest Book

Name		Date of Birth	
Day		Time	Weight	

Relationships to Parents | Advice for Parents

Wishes

Resemblance ◯ Mom! ◯ Dad!

Baby Shower Guest Book

| Name | | Date of Birth | |
| Day | Time | Weight | |

Relationships to Parents | **Advice for Parents**

Wishes

Resemblance ◯ **Mom!** ◯ **Dad!**

Baby Shower Guest Book

| Name | | Date of Birth | |
| Day | Time | Weight | |

| Relationships to Parents | Advice for Parents |

| Wishes |

| Resemblance | Mom! | Dad! |

Baby Shower Guest Book

Name		Date of Birth	
Day		Time	Weight

Relationships to Parents	Advice for Parents

Wishes

Resemblance ◯ Mom!   ◯ Dad!

Baby Shower Guest Book

| Name | | Date of Birth | |
| Day | Time | Weight | |

Relationships to Parents | Advice for Parents

Wishes

Resemblance   ◯ Mom!   ◯ Dad!

Baby Shower Guest Book

Name			Date of Birth	
Day		Time	Weight	
Relationships to Parents			Advice for Parents	

Wishes

Resemblance ◯ Mom! ◯ Dad!

Baby Shower Guest Book

Name		Date of Birth	
Day	Time	Weight	

Relationships to Parents	Advice for Parents

Wishes

Resemblance   Mom!   Dad!

Baby Shower Guest Book

Name		Date of Birth	
Day		Time	Weight

Relationships to Parents	Advice for Parents

Wishes	

Resemblance ◯ Mom! ◯ Dad!

Baby Shower Guest Book

Name			Date of Birth		
Day		Time		Weight	

Relationships to Parents	Advice for Parents

Wishes

Resemblance   ◯ Mom!   ◯ Dad!

Baby Shower Guest Book

Name		Date of Birth	
Day	Time	Weight	

Relationships to Parents	Advice for Parents

Wishes

Resemblance   ◯ Mom!   ◯ Dad!

Baby Shower Guest Book

| Name | | | Date of Birth | |
| Day | | Time | | Weight |

Relationships to Parents	Advice for Parents

| Wishes | |

Resemblance   ◯ Mom!   ◯ Dad!

Baby Shower Guest Book

| Name | | Date of Birth | |
| Day | Time | Weight | |

Relationships to Parents	Advice for Parents

Wishes

Resemblance ◯ Mom!   ◯ Dad!

Baby Shower Guest Book

Name		Date of Birth	
Day		Time		Weight	

Relationships to Parents | Advice for Parents

Wishes

Resemblance   ◯ Mom!   ◯ Dad!

Funny Photos

Funny Photos

Funny Photos

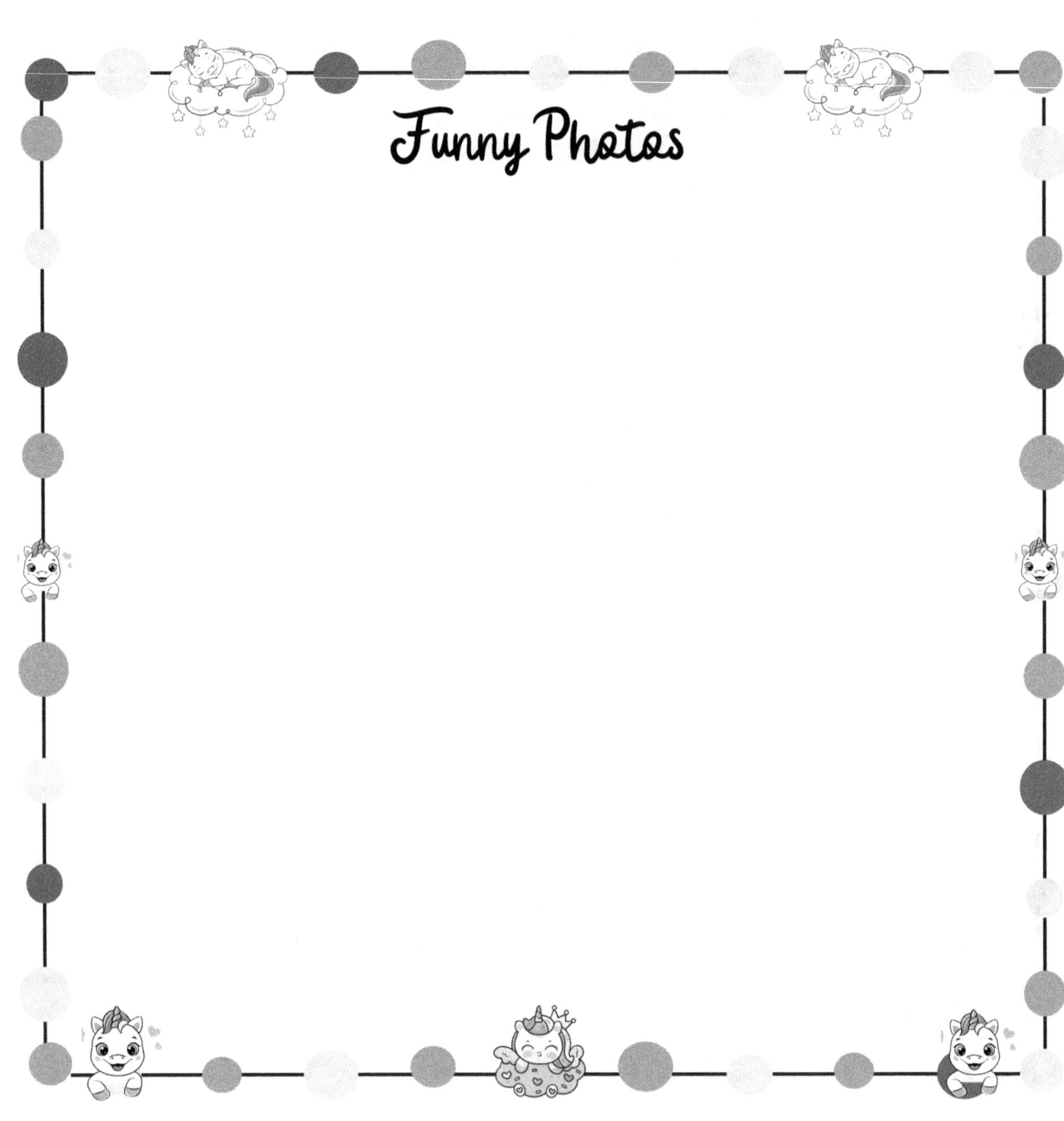

Funny Photos

Funny Photos

Funny Photos

Thank you !

We would really appreciate your feedback. please send us a email

to:

ritirra@gmail.com